JEAN GUICHARD

Création

ou

Évolution ?...

> L'Humanité réalisera une de
> ses plus belles réformes le jour
> où elle comprendra qu'il est
> aussi important pour le bonheur
> de ne pas vivre sur des opinions
> fausses que pour la santé de ne
> pas se nourrir d'aliments frela-
> tés.
>
> JEAN FIXOT
> (La Science du Bonheur.)

PARIS

FIGUIÈRE & Cie, ÉDITEURS

7, RUE CORNEILLE

Prix : 1 Fr. 25

Création ou Évolution ?...

JEAN GUICHARD

Création

ou

Évolution ?...

L'Humanité réalisera une de
ses plus belles réformes le jour
où elle comprendra qu'il est
aussi important pour le bonheur
de ne pas vivre sur des opinions
fausses que pour la santé de ne
pas se nourrir d'aliments frela-
tés.

JEAN FINOT
(*La Science du Bonheur.*)

PARIS

FIGUIÈRE & Cⁱᵉ, ÉDITEURS

7, RUE CORNEILLE

A Monsieur et à Madame

ROGER BINET

En témoignage de ma sincère amitié.

J. G.

PRÉFACE

— « Ne pensez pas, au nom de la science, combattre les théories religieuses — m'a dit un philosophe — vous risqueriez l'erreur, et la critique ne manquerait pas de vous montrer la fausseté de vos raisonnements. Science et Religion sont des domaines indépendants, ce sont deux manifestations absolument différentes de l'intelligence humaine, l'une dépend de la raison, l'autre du sentiment. L'une ne doit pas empiéter sur l'autre.

» Cependant, lorsque la Religion se permet de faire une incursion dans le domaine scientifique, elle a tort et doit être combattue. Ainsi, lorsque l'Église, au nom du Dieu biblique, entend imposer des idées absolument opposées aux conclusions des sciences expérimentales, lorsqu'elle apprend aux enfants comme vérités sacrées les dogmes astronomiques, biologiques et géologiques de la Genèse, elle outrepasse ses pouvoirs, elle entre en terrain défendu : sur ces questions spéciales, d'ordre rigoureusement scientifique, les savants ont le droit et le devoir de la combattre.

» De même, si certains savants attaquent la morale chrétienne au nom de la science, ils sont dans l'erreur, et l'Eglise a raison quand elle les prie de se mêler de ce qui les regarde. »

Ce philosophe ne connait pas l'Église, il ne sait pas que le meilleur des théologiens, doué d'un grand esprit de tolérance et animé des plus bienveillantes intentions, ne doit pas, ne peut pas admettre l'abandon systématique des révélations bibliques. Celles-ci font partie intégrante de la religion chrétienne ; sans elles, le catholicisme actuel ne saurait exister, puisqu'il repose tout entier sur les dogmes de la Création, du péché originel, *ci* de la Rédemption[1] : *supprimez la Création et le Paradis terrestre, la Rédemption devient inutile.*

Or, des conquêtes purement scientifiques, fruits de l'observation et de l'expérience, nous ont prouvé l'absolue fausseté des récits bibliques.

La Terre n'est pas le centre du Monde, elle n'est qu'une très petite partie du Soleil, et le Soleil n'est qu'une petite étoile.

La Terre n'est pas plate, ni immobile, ni bornée par une masse d'eau considérable ; elle est ronde, possède des antipodes et n'accomplit pas moins de douze mouvements différents.

Le Ciel est une illusion d'optique,

[1]. La nature humaine ayant été viciée par le péché originel et, à cause de cela, étant devenue beaucoup plus portée aux vices qu'à la vertu, il est absolument nécessaire pour arriver à l'honnêteté, de réprimer les mouvements tumultueux de l'âme et de soumettre les appétits à la raison.

LÉON XIII
(Encyclique sur la secte
maçonnique)

*il n'y a pas de voûte céleste ; les
étoiles sont séparées par des mil-
liards de kilomètres.*

*L'Univers est infini, car on n'y
rencontre que des Mondes, encore
des Mondes, toujours des Mondes...*

*L'être humain n'est pas une créa-
ture spéciale descendant d'un premier couple tiré par le Seigneur
du limon de la Terre ; il est le terme
perfectionné d'une longue série de
formes organiques, un merveilleux
produit de l'évolution.*

*Dans les temps préhistoriques,
les premiers représentants de notre
espèce humaine, étaient de véri-
tables brutes, velues, le front
fuyant, les mâchoires saillantes, le
corps courbé vers la terre. Loin
d'être déchu d'une hypothétique
perfection première, l'homme moderne est en voie de devenir un
être intelligent, sentimental, rai-
sonnable ; la femme n'a rien à en-
vier au sort de son ancêtre des
cavernes : Ève fut créée par la
civilisation.*

Comme tout mammifère, l'être humain naît d'une cellule microscopique, qui contient en principes les organes, les nerfs, les sens, les tendances bonnes ou mauvaises [1]...

Le phénomène vital est une résultante d'actions chimiques et non une cause. La vie est une des formes du mouvement. Le mouvement existe partout, est éternel.

Ces vérités scientifiques étant connues, comment admettre les révélations de la Genèse, et que penser d'un Dieu qui a trompé ses créatures en leur révélant de fausses origines ?...

Il est donc impossible de soutenir que la Science ne peut, sous aucun prétexte, attaquer la Religion, puisque celle-ci enseigne, comme dogmes, des origines reconnues fausses.

Attaquer la Genèse, c'est attaquer l'Église, puisque la tradition

1. L'éducation doit avoir pour but principal de remédier à l'imperfection naturelle.

mosaïque est la base essentielle du catholicisme. Si l'être humain procède d'une forme inférieure, si son origine est purement naturelle, s'il n'a pas connu la perfection première, comment accepter l'affirmation d'une déchéance?

S'il n'y a pas eu « déchéance », comment expliquer le péché originel?

Infirmer le dogme du péché originel, c'est prouver l'inutilité de la Rédemption, donc de l'Incarnation, c'est faire crouler le plus audacieux des édifices religieux : l'Eglise catholique et romaine.

* *

De l'argumentation précédente faut-il conclure que la Science est destructrice d'idéal ? Gardons-nous d'une pareille déduction.—

Les découvertes scientifiques peuvent faucher les dogmes des religions qui sont des créations humaines, elles ne peuvent jamais

détruire le sentiment religieux, car
la science est avant tout sentiment.

La Science est la plus merveil-
leuse des philosophies.

Loin de nous éloigner des préoc-
cupations morales et sociales de
lheure présente, elle nous y ramène
sans cesse par ses graves enseignements. Loin de dessécher le cœur
et d'émousser la sensibilité, elle
ouvre l'esprit à des beautés incon-
nues de l'ignorant, elle élève l'intelligence au-dessus des querelles et
des vains préjugés, elle donne la foi
qui fait vivre et l'espérance qui
console, elle donne aussi la charité
qui rend indulgent, lorsqu'on connaît les secrets des faiblesses humaines.

Non, la Science n'est pas destructrice d'idéal. Sous sa baguette
magique, l'Univers paraît formi-
dable, splendide, infini ; les mer-
veilles de la vie se révèlent à nos
yeux éblouis, les abîmes livrent
leurs secrets, le temps s'évanouit,
l'espace disparaît.

1.

Devant la majesté de l'éternelle Nature, nous comprenons que le voile grossier de notre science enfantine nous cache les principes immuables dont nous avons une bien faible idée.

Nous voyons plus loin que les systèmes, nous concevons quelque chose de plus réel, de plus fort que les entités dont nous avons peuplé le monde, nous arrivons enfin à la notion de la loi suprême, à l'inconnaissable *des philosophes agnostiques*, à Dieu.

Mais nous devons nous arrêter, notre intelligence est encore trop faible. Nous sommes encore trop ignorants pour résoudre tous les problèmes que l'observation de la Nature fait naître depuis que nous avançons dans le domaine de la connaissance scientifique.

Août 1913.

I

L'ÊTRE HUMAIN

L'ÊTRE HUMAIN

D'où venons-nous? Qui sommes-nous ? Peu de questions ont davantage passionné l'Humanité pensante.

Jusqu'au siècle dernier, l'homme était certain de son origine surnaturelle : une âme immortelle *animait* son corps périssable tiré par Dieu du limon de la terre. Quant à la Femme, le Seigneur l'avait formée d'une côte tirée d'Adam, le premier homme [1].

[1] Le Seigneur Dieu forma l'homme du limon de la terre ; il répandit sur son visage un souffle de vie, et l'homme devint vivant. Le Seigneur Dieu envoya à Adam un profond sommeil, et lorsqu'il était endormi, il tira une de ses côtes et mit de la chair à sa place.

Et le Seigneur Dieu, de la côte qu'il avait tirée d'Adam, forma la femme et il l'amena à Adam (Genèse, 7, 21, 22).

Le premier couple humain était parfait, possédait toutes les qualités, mais à la suite d'un acte de désobéissance causé par la gourmandise, il avait été chassé de l'Éden, maudit par Dieu, et condamné à vivre désormais sur une terre désolée.

« Parce que vous avez mangé du fruit défendu, avait dit le Seigneur, la terre sera maudite à cause de ce que vous avez fait, et vous n'en tirerez de quoi vous nourrir pendant toute votre vie qu'avec beaucoup de travail. Elle vous produira des épines et des ronces, et vous vous nourrirez de l'herbe de la Terre [1]. »

A partir de cette déchéance, la vie de l'humanité souffrante avait commencé. L'être humain était devenu sujet à la douleur, à la mort ; il transmettait à ses descendants l'aptitude au péché ou con-

1. Genèse, III, 17 et 18.

cupiscence, conséquence de la faute originelle.

Telle était dans ses grandes lignes la croyance générale de nos pères, relative aux origines de l'homme.

C'est en 1809 qu'éclate le premier coup de foudre. Un savant zoologiste français, Jean Lamarck, ose publier un livre [1] dans lequel il prétend s'appuyer sur les sciences naturelles pour démontrer que loin d'être une créature spéciale, l'être humain est un mammifère supérieur et appartient au règne animal.

Véritable créateur du transformisme, Lamarck enseigne que les formes organiques procèdent les unes des autres, grâce à une filiation ininterrompue. La totalité des espèces animales et végétales a pour ancêtre commun une matière mucilagineuse de forme très simple. Les êtres varient par suite des changements dans les mileux ambiants,

[1]. *Philosophie zoologique.*

changements produisant de pro-
fondes modifications dans les besoins de ces êtres. L'importance de
ces besoins entraîne le développement ou la régression des organes, d'où la fameuse loi : « Dans
tout animal qui n'a point dépassé
le terme de ses développements,
l'emploi plus fréquent et soutenu
d'un organe quelconque fortifie
peu à peu cet organe, le développe,
l'agrandit, et lui donne une puis-
sance proportionnelle à la durée de
cet emploi, tandis que le défaut
constant d'usage de tel organe,
l'affaiblit insensiblement, le dété-
riore, diminue progressivement
ses facultés, et finit par le faire dis-
paraître. »

Telle est, très brièvement expo-
sée, la théorie « lamarckienne », à
l'appui de laquelle les études de
Darwin ont apporté les preuves les
plus concluantes.

Lamarck est méprisé, ignoré, ca-
lomnié ; il vieillit presque aveugle

sans un témoignage d'estime [1], lui, dont l'œuvre révolutionnera le monde. Après une vie d'immense labeur, il s'éteint entre les bras de ses filles qui n'ont jamais cessé de croire à son génie, de l'encourager et de lui prodiguer les marques d'une affection sans bornes.

Quelques disciples de Lamarck, Geoffroy Saint-Hilaire surtout, entreprennent la lutte contre les dogmes scientifiques, contre les pontifes, contre Cuvier notamment

[1]. Arago a donné le récit d'une réception aux Tuileries, au cours de laquelle Lamarck présenta à l'empereur Napoléon Ier son immortel ouvrage : *la Philosophie zoologique.*
J'extrais le passage suivant de l'ouvrage d'Arago : « Napoléon passa à un autre membre de l'Institut. Celui-ci n'était pas un nouveau venu : c'était un naturaliste connu par de belles et importantes découvertes, c'était M. Lamarck. Le vieillard présenta un livre à Napoléon : « Qu'est-ce que cela ? dit celui-ci. C'est votre absurde Météorologie, c'est cet ouvrage dans lequel vous faites concurrence à Mathieu Lensberg, cet annuaire qui déshonore vos vieux jours ? Faites de l'histoire naturelle, et je recevrai vos productions avec plaisir. Ce volume, je ne le prends que par considéra-

qui, malgré sa haute valeur et ses titres sonores, s'en tient encore aux enseignements de la Genèse sur la question des origines, et dans un discours célèbre, anathémise l'œuvre de Lamarck [1].

Les chercheurs se mettent à l'ouvrage : l'origine naturelle de l'homme paraît évidente, mais

tion pour vos cheveux blancs, tenez... » Et il passa le livre à un aide de camp. Le pauvre M. Lamarck qui, à la fin de chacune des paroles brusques et offensantes de l'empereur, essayait inutilement de dire : « C'est un ouvrage d'Histoire naturelle que je vous présente », eut la faiblesse de fondre en larmes. » (Arago, *Histoire de ma jeunesse.*)

1. *Eloge historique de Lamarck.*
« Chacun put s'apercevoir qu'indépendamment de bien des parallogismes de détail, cette théorie (celle de Lamarck), repose sur deux suppositions arbitraires : l'une que c'est la partie séminale qui organise l'embryon, l'autre que des désirs, des efforts peuvent engendrer des organes. Un système appuyé sur de pareilles bases, peut amuser l'imagination d'un poète, mais il ne peut soutenir un instant l'examen de quiconque a disséqué une main, un viscère, ou seulement une plume. » (Georges Cuvier, 26 novembre 1832.)

encore faut-il l'étayer avec des arguments probants et scientifiques. Le
livre *l'Origine des Espèces* du
naturaliste anglais Darwin apporte
ces arguments.

L'apparition de ce livre en 1859 dé-
chaîne un véritable enthousiasme.
Huxley prend la défense des nou-
velles doctrines et, comme les
contradicteurs s'ingénient à faire
ressortir les dissemblances anato-
miques existant entre l'homme et
les singes actuels, il établit avec
précision que, au point de vue
anatomique, la différence entre
l'homme et le singe anthropomorphe immédiatement inférieur est
moindre que celle existant entre ce
dernier et le singe immédiatement
inférieur. En d'autres termes, il y
a moins de différence entre un
homme et un gorille, qu'entre un
gorille et un chimpanzé [1].

Les savants, qui n'acceptent pas
les arguments de Darwin, se dé-

1. T.-H. Huxley, *Du Singe à l'Homme*.

clarent néanmoins en faveur de la nouvelle doctrine, ou n'osent plus souscrire à l'antique hypothèse.

Après quelque cent ans, d'innombrables travaux ont permis de bâtir sur des assises inébranlables l'édifice grandiose entrevu par le génie de Lamarck. La paléontologie est née, et ses découvertes sont déjà merveilleusement suggestives.

Aujourd'hui, tous les hommes de science vraiment indépendants sont partisans de la géniale théorie de l'évolution, qui est devenue, grâce aux efforts des savants modernes, la plus surprenante des vérités.

.•.

Le transformisme a inauguré une ère nouvelle de progrès intellectuel. Il n'est pas une science qui ne porte actuellement l'empreinte de la philosophie zoologiste, et cependant un savant abbé ose écrire : « En dépit de ceux qui écrivent la science à l'usage des gens du monde, la doctrine transformiste, telle que l'ont conçue Lamarck et Darwin, n'est plus de mise à notre époque. De l'édifice élevé par ces savants, reste-t-il une seule pierre? J'en doute fort et, à l'heure actuelle, quel paléontologiste oserait souscrire à l'antique hypothèse[1] ? »

Or voici l'opinion d'un célèbre professeur, Fritz Muller : « L'histoire de l'évolution embryonnaire d'un individu d'une espèce est une répétition courte et abrégée, une sorte de récapitulation de l'histoire de l'évolution de cette espèce. »

Lors de sa fameuse lutte avec Cuvier, en 1830, Geoffroy Saint-Hilaire avait soutenu la même thèse, confirmée depuis par les embryologistes.

Pendant l'évolution intra-utérine, l'embryon humain passe par différentes formes animales qui rappellent les formes correspondantes de l'évolution ancestrale.

1. Th. Moreux, *Qui sommes-nous?*

Si l'homme n'a pas évolué, s'il est resté tel que le Créateur l'a formé, que signifie cette évolution embryonnaire ? et comment l'expliquer ?

Si l'homme n'a pas évolué, pourquoi le fœtus humain accuse-t-il une longueur démesurée des bras ? pourquoi se couvre-t-il de poils disposés régulièrement sur toute la surface du corps à l'exception du nez, des mains et des pieds ?

Comment se fait-il que l'organe de Jacobson, cause de la sensibilité de l'odorat chez beaucoup de mammifères, existe entièrement et muni d'un fort tronc nerveux chez le fœtus humain, le tronc nerveux disparaissant à la fin de la vie embryonnaire [1] ?

Comment se fait-il que les embryons des mammifères supérieurs, l'homme y compris, se ressemblent tous ?

1. Élie Metchnikoff, *Études sur la nature humaine.*

Pourquoi l'homme possède-t-il des dents de sagesse qui ne lui sont d'aucune utilité, et occasionnent très souvent des malaises et des accidents plus ou moins graves ? des rudiments de muscles moteurs de l'oreille ? une glande pinéale, rudiment d'un œil cyclopéen? des replis semi-lunaires aux yeux (rudiments de la troisième paupière recouvrant le bulbe oculaire chez les oiseaux) ?

« Il ne peut y avoir de doute, écrivait, en 1903, le savant profes-seur Metchnikoff, que la nature humaine, bien que parfaite sous beaucoup de rapports, ne présente des désharmonies très nombreuses et très grandes, source de tant de nos malheurs.

» N'étant pas aussi adaptée aux conditions de la vie que le sont par exemple les orchidées pour la fécondation par l'intermédiaire des insectes, ou les guêpes fouisseuses pour la conservation de leur pro-géniture, la nature humaine rap-

pelle plutôt ces insectes qui se brû-
lent les ailes, poussés vers la
lumière par leurs instincts. »

Pourquoi l'homme possède-t-il
un appendice vermiforme, cause
de l'appendicite ? un gros intestin,
réservoir de déchets de la nourri-
ture qui s'y accumulent et empoi-
sonnent l'organisme ?

Pourquoi les mâles ont-ils des
mamelles ?

La réponse scientifique est pré-
cise : tous ces organes sont les ves-
tiges d'organes ayant appartenu à
nos ancêtres, et dont nous n'avons
plus besoin ; ce sont des preuves
irréfutables de notre origine ani-
male. La plupart de ces organes
se sont atrophiés au cours des âges
et une régression s'est produite, il
n'en reste plus que des rudiments [1].

1. La baleine offre un exemple classique
de régression d'organe ; mammifère adapté
à la vie aquatique, cet animal possède un
rudiment de fémur dont on ne peut expliquer la présence que par la loi de Lamarck.

.•.

Après avoir exposé les raisons très graves qui permettent de soutenir victorieusement la doctrine évolutionniste, je puis tirer la conclusion de la discussion qui précède. L'être humain n'est pas une créature spéciale tirée du limon de la terre et formée par Dieu à son image. L'être humain est un mammifère ayant eu pour ancêtre un grand singe voisin des anthropoïdes actuels, et dont le spécimen le plus curieux est le Pithécanthropus erectus, trouvé à Java [1].

Nous n'avons pas à rougir de nos origines naturelles : l'être humain peut n'être qu'un mammifère supérieurement doué, il n'en reste pas moins, par son intelligence, le maître

---

1. Il existe certainement des fossiles de singes plus voisins de l'homme primitif que le Pithécanthropus, mais jusqu'à présent ces fossiles n'ont pas été découverts. Il ne faut pas oublier que la paléontologie est une science fort jeune.

de la terre, le créateur des Arts et
et des Sciences.

Partie de la bestialité, l'humanité
s'est élevée peu à peu vers la
lumière,vers le VRAI progrès. Jusqu'à présent, retenue dans les
mailles du filet dogmatique, la
pensée humaine ne pouvait s'élever bien haut. Les mailles sont
rompues : prenant son essor, l'intelligence s'est élancée à la conquête
des vérités éternelles, à la conquête
du bonheur.

II

L'UNIVERS

L'UNIVERS

———

La matière est une apparence, elle est constituée par une réunion de corpuscules infiniment petits, sans cesse en mouvement et animés de vitesses fantastiques.

Tous les corps matériels sont les résultats de transformations millénaires qui les ont amenés, suivant les lois de la gravitation atomique, à l'état qu'ils présentent aujourd'hui.

Hors des limites de notre entendement, les différents attributs (forme, couleur, relief, etc.), donnés à la matière, ne sont en réalité, à l'« échelle » humaine, que sensations reçues, et par suite n'ont pas d'existence absolue.

Le repos est une fiction et n'existe que pour notre cerveau humain. La nature ne se repose jamais. Nous admirons la voûte étoilée et chacun des astres semble immobile sur le fond noir du ciel ; seul l'éloignement cause cette impression, les étoiles sont animées de vitesses formidables, et leur petitesse et leur immobilité ne sont qu'apparences.

Nos sens nous trompent. Nos yeux ne sont sensibles qu'à une très faible partie des radiations lumineuses, nos oreilles ne perçoivent que peu de vibrations sonores, et cependant la plupart de nos conceptions ont été édifiées à l'aide de sensations visuelles et auditives. Si nous étions en possession d'organes plus parfaits, nos idées sur le monde seraient toutes différentes et nos croyances seraient profondément modifiées.

Or, grâce aux découvertes scientifiques modernes, nous sommes capables de suppléer à cette imperfection de notre organisme ; nous possédons des instruments qui voient, entendent, enregistrent ce que nos yeux, nos oreilles et notre cerveau ne peuvent voir, ni entendre, ni enregistrer. Nous concevons donc le monde sous un tout autre aspect.

« Le changement est partout, la destruction nulle part, écrivait Tyndall ; dans le monde organique comme dans le monde inorganique, dans les corps vivants comme dans ceux qui sont inanimés, règne un mouvement éternel. Il n'y a pas de repos absolu. Tout se transforme, et du sein de la poussière surgit sans cesse une nouvelle vie. »

Nous n'assistons jamais, nous ne pouvons jamais assister à une création car « rien ne se crée » dans la nature, les mêmes éléments servent indéfiniment dans les transformations universelles, et puisque « rien ne se crée », il est logique d'admettre que « rien ne se perd », car si quelque chose se perdait, le

monde irait à une fin certaine. Or,
comment supposer une fin à ce qui
n'a jamais eu de commencement?...

Si l'univers semble avoir des
bornes, notre œil et nos instruments, seuls, en sont les causes,
car ils sont bien imparfaits.

L'univers est infini ; s'il n'était
pas infini, la notion que nous avons
du temps serait fausse, car nous
sommes obligés d'admettre que la
suite des phénomènes ne peut être
limitée et que ces phénomènes se
succèdent indéfiniment.

Quelques astronomes ont essayé
de nous montrer l'univers semblable à un vaste système solide-
ment charpenté dont le soleil occu-
perait à peu près le centre ; ce
système serait isolé, perdu dans
l'espace, ce qui revient à supposer
qu'au delà du monde visible rien
n'existe... N'est-ce pas une conception bizarre que ce système sus-
pendu dans un espace vide de tout
corps ? puisque, dans un monde
dépourvu de toute substance, la

conception de l'espace serait impossible.

Jusqu'à la fin du moyen âge, la Terre était au repos, au centre du Monde, limitée par une sphère portant les étoiles fixes; au delà de cette sphère se trouvait « le principe moteur ». C'était la vieille conception d'Aristote, admise par les érudits, car elle concordait avec les enseignements de la Genèse.

Cependant, cinq siècles avant l'ère chrétienne, le philosophe grec Pithagore avait énoncé clairement l'idée de la mobilité de la terre et de la dépendance des planètes solaires. Deux siècles plus tard, Aristarque de Samos précisait l'enseignement de Pithagore : la terre devait être sphérique et mobile autour du soleil: le soleil devait être plus grand que la terre et immobile.

C'est à Copernic que revient le grand mérite d'avoir confirmé mathématiquement les vues grandioses d'Aristarque.

Depuis Copernic, l'astronomie s'est merveilleusement développée, et son influence philosophique a été extrêmement bienfaisante. On ne peut plus croire aujourd'hui : « qu'une main intelligente et puissante soutient toutes les choses, les astres qui brillent dans le ciel comme l'humble plante qui croît dans la vallée : qu'elle fait tout servir aux agréments et aux nécessités de l'homme » [1].

Croire que le Monde et ce qu'il renferme est fait pour l'homme est ridicule. Dire que le soleil a été créé pour chauffer la terre et l'éclairer, que les oiseaux chantent pour charmer notre oreille, que les fleurs ne sont belles et parfumées que pour être vues et senties par le genre humain, cela revient à enseigner que l'homme est le but suprême de la création universelle et que, dans le Cosmos infini, notre planète infime possède seule le pri-

1. *Exposition de la Doctrine chrétienne.*

vilège de porter des êtres intelligents.

Comme Descartes le faisait remarquer : « Il serait puéril et absurde de soutenir en métaphysique que Dieu, semblable à un homme exalté d'orgueil, a eu pour unique fin, en donnant l'existence à l'Univers, de s'attirer nos louanges et que le soleil, dont la grosseur dépasse tant de fois celle de la terre a été créé dans le but d'éclairer l'homme qui n'occupe sur cette terre qu'un très petit espace [1]. »

Si les plantes, les arbres, les animaux, la nature entière a été créée à notre intention, comment se fait-il que dans les forêts vierges des régions équatoriales pullulent des insectes magnifiques aux ornements bizarres, somptueux, des oiseaux aux plumages éclatants, des plantes merveilleuses et des fleurs étranges et superbes ?

1. *Lettres de Descartes* (édition Garnier, 1835).

Comment se fait-il qu'au fond de l'Océan, toute une faune se meuve, dont on ne soupçonnait pas l'existence, poissons apocalyptiques, crustacés monstrueux, tels le Benthos Abyssal, les Holothuries phosphorescentes, le Thaumatolampas, la pieuvre féerique aux vingt-six fanaux rouges et bleus?

Les savants répondent : « Les plantes, les fleurs merveilleuses, les oiseaux et les insectes somptueusements parés, les monstres des profondeurs océaniques sont des produits de leur milieu [1], adaptés à ce milieu ; ils sont là, parce que la vie se manifeste partout et sous toutes les formes ; ils sont beaux, élégants,

---

1. Il y a des exceptions à cette règle générale. Certains êtres quittent leur milieu originel, soit accidentellement, sous l'influence des agents atmosphériques, ou véhiculés par d'autres êtres vivants, ou pour se soustraire à une mort imminente : dans ces cas d'émigration, l'émigré doit s'adapter sous peine de mort à son nouveau milieu, à moins qu'il n'y soit déjà préparé par une évolution antérieure, et c'est ce que les zoologistes ont défini : préadaptation au milieu.

merveilleux, terrifiants, parce que nous les jugeons tels d'après les conventions qui nous font distinguer le « beau » du « laid », et ces conventions sont variables suivant les pays, les mœurs et les coutumes.

Voilà ce que la Science nous enseigne. Il faut bien convenir que nous sommes loin, bien loin des conceptions religieuses et des enseignements théologiques !

Vouloir une réponse à la question : « Qui a fait le Monde » ? c'est montrer qu'on ignore le sens précis de cette question.

Pour qu'il y ait eu création au sens biblique du mot, il aurait fallu en effet qu'il y eut « commencement », et la science est négative en ce qui concerne ce commencement.

Tout évolue, tout se transforme. L'essence même du monde a toujours existé. Nous voulons un commencement et une fin pour toute chose, parce que nous naissons et nous mourons...

III

LA VIE

LA VIE

———

Toutes nos conceptions sont fausses, parce que nous avons mal posé les énoncés des problèmes à résoudre. L'erreur initiale est l'erreur anthropomorphe, sur laquelle sont venus se greffer les théories de « l'animisme [1] » et du « vitalisme » [2].

Jusqu'à ces temps derniers, la majorité des intellectuels croyait fermement que le corps était animé par un principe surnaturel disparaissant à la mort.

Quel que soit le nom dont on

1. Animisme. Doctrine suivant laquelle la Vie se confond avec l'âme.
2. Vitalisme. Doctrine suivant laquelle une force immatérielle et intelligente régit l'organisme.

l'ait baptisée, cette force inconnue animant la matière inerte est une invention de notre imagination. L'idée en est complètement fausse.

Prenons une simple cellule, un œuf microscopique de mammifère [1]. Cette cellule ne pourra se développer que lorsque l'élément mâle l'aura fécondé. Or, les savants sont parvenus à féconder artificiellement des œufs en remplaçant le principe mâle par un produit chimique. Dès 1886, Tichomiroff provoquait le développement d'œufs vierges de vers à soie, en les mettant en contact avec de l'acide sulfurique concentré.

En 1900, Jacques Loeb parvenait à amener des œufs vierges d'our-

1. Dès sa naissance embryonnaire, l'être humain comme tous les mammifères, est constitué par une simple cellule (ovule) fécondée par l'élément mâle (spermatozoïde). Cette cellule se segmente, se multiplie, et devient un ensemble pluricellulaire dont toutes les cellules sont identiques; puis trois feuillets se forment qui donneront la peau, le système nerveux, les viscères, la musculature et le squelette.

sins à se développer en larves, en les traitant à l'eau de mer sursalée. Depuis, Shaerer a obtenu des larves d'oursins qu'il a conduites au delà de la métamorphose. Yves Delages a obtenu deux oursins sexuellement mûrs en traitant des œufs vierges par une solution d'eau salée additionnée d'acide butyrique. Enfin, récemment, le professeur Bataillon a provoqué le développement d'œufs non fécondés de grenouille, en les piquant avec un stylet très fin de verre ou de platine.

On peut donc affirmer que le phénomène vital est un phénomène purement chimique, et qu'il peut résulter d'une expérience de laboratoire.

Si le spermatozoïde donne la vie, c'est qu'il provoque dans l'œuf les réactions chimiques susceptibles de déterminer la naissance et le développement embryonnaires.

Georges Bohn a résumé cette action chimique sur l'œuf dans une

étude consacrée à l'œuvre de Loeb;
Voici sa conclusion : « A la suite
de la formation de la membrane
(initiale), l'œuf est d'abord comme
intoxiqué, et il faut le traiter à nouveau chimiquement : enfin, l'œuf
devient le siège d'oxydations inten-
ses, se segmente et se développe.
Le spermatozoïde agirait comme
le chimiste, il apporterait dans
l'œuf deux substances destinées à
combattre les mauvais effets de la
première. »

*Le phénomène vital est donc une
résultante et non une cause.* Nous
pouvons envisager le problème de
la vie élémentaire comme étant
entièrement résoluble par les
moyens scientifiques, puisque la
forme la plus élémentaire de la
matière est elle-même le résultat
d'une combinaison chimique que
les biologistes s'efforcent de déchif-
frer.

De nouveaux et splendides hori-
zons sont ouverts aux chercheurs.
Les biologistes parviendront-ils à

constituer artificiellement l'élément femelle? arriveront-ils à féconder artificiellement par voie de parthénogénèse, des œufs de mammifères?

Les expériences magnifiques de Jacques Loeb et Yves Delages ouvrent la voie aux hypothèses les plus hardies. Ce qui nous importe actuellement, c'est de savoir que le problème du commencement et de la fin de la vie individuelle est explicable entièrement par la chimie et la physique.

« C'est une chose superflue et un anachronisme que de dire aujourd'hui : la vie individuelle commence non seulement avec l'accélération des oxydations, mais encore avec l'introduction dans l'œuf d'un principe métaphysique vital [1]. »

La vie étant conçue comme un phénomène naturel, le cerveau étant un organe parfaitement défini,

[1]. Jacques Loeb, *la Fécondation chimique* (Édition *Mercure de France*).

point n'est besoin de l'hypothèse d'un esprit, source de la pensée, pour *animer* la matière. « Chaque repas que nous prenons, chaque verre que nous vidons, établissent la domination mystérieuse de la matière sur l'esprit. »

M. Félix Le Dantec a pu écrire très justement : « Il ne se passe rien de connaissable à l'homme sans que se modifie quelque chose qui soit susceptible de mesure[1]. »

Le cerveau est l'organe de la pensée, et l'on ne peut concevoir cette pensée autrement que comme un mouvement particulier peu connu encore par suite de la complexité de l'organe pensant.

Ainsi toutes nos vieilles croyances s'écroulent devant les investigations des savants. La vie, ce domaine mystérieux où se réfugiaient tous les apôtres du surnaturel, commence à être explorée. Le savant moderne prend une

1. *L'Athéisme* (Flammarion, éditeur).

infime parcelle de matière, et de cette matière fait un être vivant : il crée dans son cristallisoir des animaux ayant pour mère un animal de même espèce, et pour père un composé chimique...

N'est-ce pas là un résultat merveilleux dont le retentissement philosophique est incalculable ?

« Aussi longtemps qu'un phénomène de la vie n'est pas expliqué par la physique et la chimie, il nous paraît inabordable : quand le voile est tombé, on est tout étonné que la chose fût si simple. Tout savant qui a réussi à se rendre maître une fois d'un phénomène de la vie, a pu faire cette constatation [1]. »

J'ai traité de la vie comme du plus grand des phénomènes naturels : j'en ai fait saisir le sens au point de vue scientifique. Si l'on veut chercher la cause première de toute chose, si l'on veut reculer à son extrême

1. Jacques Loeb, *la Vie* (*Revue scientifique*, 9 mars 1912).

limite le problème de la connaissance humaine, il faut interroger
le physicien qui, seul, peut solu-
tionner en dernier ressort une aussi
grave question.

Nous avons vu, en effet, que la
matière est essentiellement vivante,
et que son inertie n'est qu'appa-
rente. La cellule du biologiste est
une parcelle de matière, des mil-
lions d'atomes sans cesse en mouvement la composent; cette cellule
est donc vivante, car tout mouvement est une manifestation de vie.

Le secret de la vie réside dans le
mouvement atomique, et le physicien constate que, dans l'Univers,
le mouvement existe partout, le
repos nulle part. La vie est une
forme de mouvement.

Le Cosmos est un vaste laboratoire. Depuis la minuscule gout-
telette d'eau jusqu'à l'Océan puis-
sant, depuis la cellule jusqu'aux
êtres organisés supérieurs, nous
trouvons une variété infinie de manifestations vitales. La nature ne

connaît pas le repos et enfante sans cesse, sans s'inquiéter du résultat : les êtres vivants sont les incessants produits de ce travail éternel.

Si les moyens employés pour les former sont peu variés, par contre, la structure en est infiniment variable: Nous sommes une des formes de cette activité universelle.

SORTI

LE VINGT-HUIT NOVEMBRE

MCMXIII

DES PRESSES

DE LA

Maison E. FIGUIÈRE & Cie

ÉDITEURS

2319-13

EUGÈNE FIGUIÈRE & Cᵢᴱ

7, RUE CORNEILLE, PARIS

FRANCIS GRIERSON. — *La Vie et les Hommes*. 4 50
SÉBASTIEN VOIROL. — *Augurales et Talismans*. 3 50
LOUIS LANDRON. — *Bouquet d'Orties* (pensées). 3 50
FERNAND DIVOIRE. — *Cérébraux* (dialogues). 2 00
— *Metchnikoff, philosophe*. 1 25
— *Faut-il devenir mages ?* 2 00
ANDRÉ GIDE. — *Charles-Louis Philippe*. 1 00
— *Dostoïevsky*. 1 00
ALEX. MERCEREAU. — *Paroles devant la vie*. 3 50
JACQUES NAYRAL. — *L'Empereur et le Cochon*. 3 50
CHARLES DANIÉLOU, député. — *Etudes Contemporaines*. 3 50
ANDRÉ LEBEY. — *Sur la Route sociale* (1ʳᵉ série). 3 50
GEORGES POLTI. — *L'Ephèbe*, roman achéen. 3 50
MARCEL SEMBAT, député. — *Faites un roi, sinon faites la paix* (14ᵉ édition). 3 50
JOSEPH AGEORGES. — *La Marche montante d'une génération* (4ᵉ édition). 3 50
PIERRE JAUDON. — *Disuade-ville Tété*. 3 50
HAN RYNER. — *Les Paraboles Cyniques*. 3 50
HUBERT FILLAY. — *Etapes sociales*. 3 50
GEORGES BERRY, député, et JEAN BERRY, avocat.
— *Le Vagabondage et la Mendicité*. 3 50
ANDRÉ LEBEY. — *Sur la Route sociale* (2ᵉ série) (à paraître). 3 50

Petits bréviaires illustrés à 0 fr. 60

EUG. FIGUIÈRE. — *Le Bonheur*.
— *Les Heures*.
— *La Volonté*.
M.-C. POINSOT. — *La Vie*.
R.-L. DOYON. — *L'Amitié*.
G. NAYRAL. — *La Douleur*.
Pensées sur la Mort.
Poèmes d'Amour.
Petit bréviaire de Sagesse.

Envoi franco contre mandat.

www.ingramcontent.com/pod-product-compliance
Lightning Source LLC
LaVergne TN
LVHW022032080426
835513LV00009B/998